Frédéric Albouy

PROMENADE ENCHANTEE

Petits contes de l'au-delà
et poèmes fantastiques

Paris

Paris, Septembre 2016
Editions fA
© Copyright fA 2016

www.cyberpoesie.net

ISBN n° 979-10-96680-11-5

Aux voyageurs de l'au-delà

PETITS CONTES
DE L'AU-DELA

LA PYRAMIDE DU STYX

Je t'emmènerai dans le pays où la matière n'est plus,
Où les corps ont enfin pris conscience de leur inexistence,
Ce pays où l'on lit dans les textes que la Lumière fut
Bien avant qu'un quelconque atome ne soit entré dans la danse.

Alors nous laisserons au vestiaire notre habit corporel,
Cette enveloppe charnelle qui bride notre clairvoyance
Avec ses lourdeurs maladives et ses appétits sexuels,
Ce costume camisole échangé contre notre silence.

Et nous irons tous deux sur un nuage d'âmes en suspension
Remonter le Styx des plus belles énergies qu'ait connu l'Homme,
Jusqu'à cette pyramide secrète où le Temps en fusion
Remodèle la Vie par jeu en redistribuant les atomes.

Mais nous passerons sereins devant l'imposante construction
Car le Temps sait se faire oublier quand il croise sur sa route
Deux enfants de mille ans sur un lit de nuage, à destination
De leur rencontre éternelle, quelque part sous la grande voûte

Du Ciel.

LE PARC

LA FORÊT ENCHANTEE

Et nous commencerons la visite par cette forêt enchantée
Où les arbres ne sont pas tout à fait des arbres
Mais des essences d'âmes
Qui pleurent leur sève de tant de souffrance
Qu'elles espèrent à chaque printemps
Régénérer une humanité meilleure
Mais un vent mauvais vient chaque automne
Leur arracher les feuilles de l'espérance
Pour en faire un tapis d'illusions
Etouffant les racines même des patriarches.
Alors la souffrance redouble et embellit
Le sang des plus belles veines,
Renforce leur résistance
Et dans une coulée de sève renouvelée
Fait parfois éclater au grand jour de si pures larmes
Que le Créateur en est rouge de honte
Et part se coucher, honteux mais rayonnant,
Car il y aura encore, cette fois-ci, un lendemain.

LE LAC DES SIGNES

Puis nous visiterons le Lac des Signes
Cet endroit étonnant au plus profond de nos êtres,
Ce trou noir de la conscience où comme un loir
Dorment les 5 sens,
Ce lac de l'invisible où la raison se noie.
Tu verras sous les joncs s'agiter la surface
Puis se former sans peine une onde concentrique,
Une onde de lumière qui sort son cou de l'eau,
Toise les horizons, choisit sa direction
Sans compromis ni bassesse, puis se dresse
Dans toute son amplitude et majestueusement
File à la surface du destin pour un tour de Vie
Avant de replonger chercher dans les profondeurs
Quelques nourritures spirituelles
Et quelque nouvelle énergie
Pour un nouveau tour de piste.

LA CAVERNE D'ALI BABA

Nous nous arrêterons dans la caverne d'Ali Baba,
Une immense grotte à ciel ouvert au pied de tous
Un gigantesque caméléon tout près de nous
Qui prend la forme et l'apparence de notre décor immédiat
Et dont on ne peut donc constater l'existence.
Une évidence si flagrante que notre cerveau l'efface,
D'un de ces grands coups de gomme qu'il sait donner
Lorsqu'on ose s'imposer à lui ou déranger son ordre ;
Une grotte pour tous dont le cœur pur est le sésame,
Un ouvre-toi tout ouvert qui se dévoile
Lorsqu'on regarde en soi en ouvrant les fenêtres
Pour laisser filtrer la lumière intérieure
Et trouver dans les recoins poussiéreux
Quelques précieuses richesses
Pour les donner aux autres.

LE CANYON DU SILENCE

Devant nous le Canyon du Silence,
Qui marque la limite du rapprochement des êtres
A quoi bon tout savoir, à quoi bon tout connaître ?
Vois cette faille profonde dans la chair intime,
Ne raconte-t-elle pas suffisamment l'histoire ?
Vois ces entailles, ces souffrances,
Ces affaissements successifs des entrailles
Portés par les coups du sort,
Admire la beauté des couches intérieures
Et la force de résistance qui les habite.
Longe le fleuve vers la Source
En compagnie de l'autre rive,
Serpentez en complices
Dans la plus grande intimité de la nature
Mais ne brisez pas celle du Silence
Sous peine qu'il vous engouffre
Dans son canyon.

LA MAISON DE L'OGRE

Nous voici devant la maison de l'Ogre.
C'est un Ogre moderne, un as de la finance.
Il attire les brebis en leur offrant leur chance,
Déposant dans les champs,
Régulièrement,
Sur un chemin tortueux,
Des billets de 5, 10, 20, 100 dollars,
De moins en moins espacés
Et ainsi à chaque mètre de vie
Les brebis se rapprochent implacablement
De son antre où déjà rugit le feu
De joie. Et de cette vie d'avide
Ne restera bientôt qu'un délicieux méchoui,
Et, dans la Panurgie voisine,
Quelques bergers désespérés
Philosophant avec leur chien
A la belle étoile.

LE PLATEAU DES POETES

Nous grimperons sur le plateau des poètes.
C'est de là que la vue est la meilleure :
Dans la globalité et dans la profondeur.
Nous y attendrons la tombée de la nuit
Et quand la mousseline de pénombre
Viendra recouvrir les bruits du jour
Et la lumière trop intense
Dont les hommes ont besoin
Pour se faire bien voir,
Tu sortiras de ta poche ton sac de murmures
Et moi ma machine à confetti
Puis nous inscrirons sur chacun
Un murmure poétique.
Et d'un geste large et généreux
Vers le jardin terrestre,
Nous sèmerons ces graines de poésie
Afin qu'il y ait toujours des fruits
Pour nourrir
Les restes de sensibilité humaine,
Du moins
Tant qu'il y aura des jardiniers.

LE SAPIN DE NOËL

Ici se trouve le plus beau sapin,
Chaque aiguille est une âme d'enfant
Volée à la Vie par la guerre ou la maladie,
Les catastrophes ou les accidents.
Elles sont venues ici, naturellement,
Car à chaque Noël on les décore
Avec des guirlandes, des boules de couleur
Et avec ces serpents de lumière
Qui clignotent comme elles,
Comme des phares sur les côtes,
Echangeant des signaux entre la Terre et le Grand Large.
C'est un instant magique où elles revoient leur famille
Réunie heureuse autour de leur sapin,
Ouvrant leurs chaussettes,
Leurs chaussures ou leurs cadeaux.
Et chacune voit bien pourtant
La profonde douleur toujours présente
Sous l'emballage du sourire des parents.
C'est pour cela qu'elles la transforment en une force
Qu'ils recevront à chaque pensée
Et en patience,
Le temps de se retrouver au pied du grand sapin.

L'ARBRE A POEMES

Il y a bien longtemps était ici planté l'Arbre à poèmes.
Un bel arbre avec un cycle journalier,
Printemps le matin, automne le soir.
Tous les soirs une feuille filait vers la Terre
Et se glissait dans un rêve d'enfant,
Ici ou là, au gré du vent,
Sans distinction de classe ni de race.
Le matin les jardiniers travaillaient dur
Pour que le printemps soit fructueux
Et les enfants y furent si sensibles
Qu'ils commencèrent à aider les jardiniers,
Recueillir les feuilles, apporter de l'engrais,
S'organiser pour que poésie s'implante aussi chez eux.
Alors il fut décidé de transplanter l'arbre sur Terre,
Et la chose fut faite,
Dès qu'on eut trouvé l'âme capable
De vivre dans les deux mondes.

LA CASCADE DU TEMPS

Voici la plus authentique représentation du Temps.
C'est là qu'il s'écoule. Une vraie cascade,
Un flux régulier que l'on croit sans pitié
Car il vient vous écraser contre les rochers
Au fond du ravin.
Fort peu sont ceux qui s'en sortent indemnes
Et peuvent alors nager agréablement dans le lac inférieur.
C'est du moins ce que retiennent les touristes de passage.
Mais ce qu'ils ne peuvent voir,
Car il faut avoir observé longtemps,
C'est que le Temps s'évapore dans le lac inférieur
S'échappant en brumes, en vapeur, en nuages
Pour aller réalimenter toutes les sources
En neiges, averses, orages
Et boucler ainsi le cycle.
Et si l'on ne peut remonter directement la chute du Temps,
On peut cependant se glisser dans ses brumes,
S'évaporer dans ses nuages
Se laisser porter dans les recoins du cycle
Et y croiser les autres vrais voyageurs.

LA CHAUMIERE DES NAINS

Voici la chaumière des nains,
Une minuscule masure
Qui sert à la mesure
De la vraie taille des grands de ce monde.
Vous seriez étonnés du résultat.
On les ramène ici à leur juste proportion
Et leur taille une Blanche Neige
Qui fait le ménage en leur tête
Et remet les choses en place
Quand ils rentrent du boulot.
Le soir, elle glisse quelques remontrances
Dans leur pitance
Et la nuit quelques conseils
Dans leur sommeil.
C'est grâce à elle que le monde
Tient encore à peu près sur ses rails,
Bien qu'on essaye souvent
De lui empoisonner la vie.

LE GRAND CHENE

Patriarche de Vérité.
Ainsi se définit le grand chêne de la clairière aux sages.
Il absorbe en sa sève les pensées les plus sages
Et à l'heure des printemps millénaires
Laisse tomber quelques glands
Sur les cinq continents.
Naît alors en chaque lieu un livre sacré.
Mais hélas on le déforme, le complète,
Le détourne, le reprend à son compte,
On en fait un but en soi,
Alors qu'il n'est qu'un morceau du puzzle.
Ici par contre le chêne offre toute la splendeur
De son Tout.
Il faut être deux êtres purs pour en faire le tour
Et fusionner ses ondes
Pour que s'ouvre la porte de son tronc creux
Où sur l'écran intérieur
Est reconstituée l'image complète.
L'âme en reste le cul par terre.

LA GROTTE AUX SORCIERES

Vous pensez certainement qu'on les a ici emprisonnées,
Isolées, pour qu'elles ne viennent pas ternir le paysage ?
C'est une erreur.
La caverne des sorcières est l'antichambre de la Vie,
Ses couloirs et toboggans la relient au monde d'en bas ;
Les sorcières en sont les gardiennes et les guides.
Elles gèrent, et préparent lorsque nécessaire,
Les allées et venues.
Un passage direct n'est jamais possible,
Sauf pour les anges gardiens.
Les autres, quels qu'ils soient,
Doivent être préparés,
Quel que soit le sens du voyage.
Sans préparation, les contacts entre les mondes
Sont sans appel et les voyages sans retour.
Il faut une longue préparation
Et un bon guide.
C'est souvent par précipitation
Que les entreprises échouent.
Les sorcières n'en sont pas responsables.
Laissez-les œuvrer en paix.

LE PONT DU SOURIRE

Le sourire est un des leviers des âmes,
D'un maniement complexe et délicat.
Il sert de passerelle de l'une à l'autre,
Une passerelle où chacune se reflète
Dans l'eau du regard de l'autre.
Le Pont du Sourire est conçu pour apprendre
Et distinguer le sourire authentique.
Lorsque des sourires affectés ou de circonstance
S'y aventurent, il referme ses lèvres
Puis s'évanouit sous leurs pieds
Et le bain glacé qui s'en suit
Remet les idées en place.
Mais lorsque s'approche un sourire authentique
Alors il se transforme en gondole
Et vous mène en promenade
Sur les canaux du Paradis.

LE VILLAGE

L'IMPRIMERIE

L'imprimerie est un endroit extraordinaire.
C'est là que se forgent les caractères.
Contrairement à ce que l'on imagine,
La matière divine n'est ni pure ni blanche,
C'est une épaisse encre noire brute de fonderie,
Irrégulière, râpeuse, limoneuse encore,
Qui d'elle-même, ne parle pas, ne signifie rien.
Le Créateur a voulu laisser toute liberté
A sa propre Création.
Ce sont les plombs de la Vie qui la façonnent,
Corps et âmes,
Sur les chemins de papier qu'elle nous offre.
Chaque caractère ici est unique,
Mais ce n'est pas tant cela qui compte,
Ni même les mots qu'ils peuvent former
Lorsque quelques-uns par attirance mutuelle se
rapprochent,
Le message est dans le texte complet,
L'unité est dans le livre final
Qui sort des presses
Et donne la clé de l'énigme
A ceux qui prennent le temps de lire.

LA LIBRAIRIE

Enfin la librairie. Entrons, c'est une merveille.
Il n'y a qu'un livre sur les étagères.
Un livre blanc, vierge.
Tout d'abord il procède à quelques examens
Lorsqu'on le prend en main
Puis il détermine votre trajectoire,
Depuis ce que vous aimez bien
Et que vous aimeriez lire
Vers ce vers quoi il veut vous conduire.
Et les images alors apparaissent,
Les textes se forment, les chapitres s'enchaînent.
Peu à peu sur le chemin, l'expérience aidant,
Il vous laisse des initiatives,
L'écriture devient interactive,
Avec une participation croissante du lecteur,
Jusqu'à ce que, par miracle,
Le stylo soit entre ses mains.
Le visiteur peut alors repartir serein,
A même de continuer l'histoire,
Mais elle ne sera jolie
Que si le Souffle l'accompagne.

LA BOUTIQUE DE L'ANTIMATIERE

On l'appelle aussi la maison des transformations.
Une boutique où l'on trouve tout
Et son contraire.
On cherche son antimatière sur les étagères,
Dans les rayons,
Puis on va l'essayer dans une cabine individuelle.
Si le choix est judicieux,
On y laisse son vieil mC^2 et s'y transforme en énergie.
C'est une sensation unique de liberté.
Au début, on en profite, on découvre ;
On se promène tout nu dans les allées,
Distribue son surplus par ci, par là,
Prête main forte à quelques amies dans le besoin,
On s'amuse aussi à déplacer des montagnes,
Faire avancer des bateaux, corriger des coquins,
Se glisser dans les piles pour que les enfants jouent…
Mais on finit par aller se chercher un autre costume
Car malgré les distractions,
C'est encore dans le regard d'un enfant
Ou d'une femme
Que réside
La plus belle des énergies.

LA SALLE DE CINEMA

Il est bon de temps à autre
De se reposer les yeux
Et l'imagination.
Voici la salle de cinéma.
Le grand écran du monde se dresse devant nous.
Celui-ci dispose d'un filtre à bêtise
Qui assure que l'état mental du spectateur
Est meilleur à la sortie qu'à l'entrée.
Il n'agit pas directement sur le visiteur,
Mais sur les sons et les images :
C'est lui qui construit les films
Et les oriente vers les esprits selon les besoins.
Chacun voit un film personnalisé.
Plus de critiques institutionnelles, plus de modes,
Plus de catégories, mais de vrais échanges
Où chacun raconte son film
Et partage ceux des autres.
Viens, je suis sûr que les nôtres vont se ressembler.

CHEZ LE CORDONNIER

Cette chaussure transparente,
Qui s'adapte à tous les pieds,
C'est la chaussure de vair.
On y dépose son pied, droit ou gauche,
Et elle vous emmène dans un monde meilleur
Avec la princesse ou le prince charmant(e)
Qui fait la paire.
Mais auparavant il faut subir un test de personnalité.
Ceux qui répondent : « J'sais pas »
Sont renvoyés à la forge ;
Leur caractère n'est pas prêt.
Les « Moi je », « Je veux »…
(Il y en a bien trop) sont envoyés au rebut,
Sauf les enfants, renvoyés vers l'école
Pour parfaire leur éducation.
Les « M'en fous », « C'est nul »…
Repartent vers leur adolescence.
Les « Fais ci, Fais ça » sont fessés sur le champ.
Le monde meilleur est intérieur,
Seuls ceux prêts à apporter
De leur propre meilleur
Partiront.

LA DEMEURE DU MAIRE

Au fond du jardin, c'est la maison du patron.
Personne n'y accède plus depuis qu'il est tombé très malade ;
Information des plus confidentielles.
Pour donner le change on a installé des sosies,
Des mannequins de cire,
Devant toutes les fenêtres ;
Mais ces Pinocchio de pacotille
Ne s'entendant pas entre eux
Crient en tous sens et se bouffent le nez.
Problèmes de succession.
Aucun d'eux n'a la hauteur de vue du patron.
Tout cela est bien triste.
C'est pour cela que le Conseil des Anges a décidé
De clore la maison
Et de décentraliser le monde meilleur.
A chacun de le recréer autour de lui,
C'est ce qu'aurait voulu le patron.

L'ARCHE DE NOE

Nous arrivons au coin des animaux.
Tous sont là, rassemblés en bonne entente.
On y conserve les empreintes génétiques
De toutes les espèces.
A l'origine, comme en cuisine,
Chaque espèce était une épice,
Avec un trait de caractère dominant
Perfectionné à l'extrême.
Ensuite les mélanges furent faits
Pour arriver à des créations plus élaborées
Dignes des plus grands chefs français.

Comme encore aujourd'hui,
La Pomme en son temps fut à l'honneur,
Surtout servie à deux tartes.

LA PYRAMIDE DE LUMIERE

C'est ici que se fabrique la lumière.
Un mélange dont le secret est bien gardé,
Car placé entre de mauvaises mains
Il devient explosif ou poison.
Le plus difficile est de disposer au départ
D'un grand Vide
Pour que la Lumière puisse être,
Car l'observation même d'un quelconque atome
Trahirait sa sournoise présence ou préexistence.
Dans ce vide parfait on pose le Noir au centre,
Pour qu'il s'y sente à l'aise,
Puis on y fait venir les couleurs,
Par des portes différentes
Et selon une orientation savamment calculée,
En suivant un dosage précis.
Alors on fait tourner à grande vitesse le prisme central
Comme une centrifugeuse
Et il faut alors voir comment ainsi mélangées
Toutes les couleurs des âmes du monde
S'unissant pour le meilleur
Produisent une lumière blanche si pure
Qu'elle ose à peine sortir
De son trou noir.

LE SALON DE COIFFURE

Ici se tressent les cheveux des âmes,
Ces longs filaments d'ange
Par lesquels elles perçoivent les vibrations des autres.
On peut choisir sa coupe : africaine, pure, intuitive,
A perception immédiate, intacte depuis l'origine,
Couvrant toute l'amplitude du sensible ;
Asiatique, plate, courte, noir d'ébène,
La sagesse sur un plateau ;
Coupe du sud, frisée, crépue, riche et tortueuse
Comme une calligraphie arabe ;
Coupe du nord, longue, blonde,
Rayons de soleil des pays froids ;
Européenne, libre, variée, subtil mélange de cultures,
Embryon de future entente des peuples ?
Et puis il y a la tonsure des moines,
Une partie de la sensibilité rabotée
Pour orienter tous les capteurs dans le même sens.
Enfin, nombreux, les chauves :
Pour quelques dollars,
On leur tresse des perruques
Qui leur tracent une vie d'automate.

LA CATHEDRALE DES ARTS

Une église en ce lieu, étonnant n'est-ce pas ?
Non, privilégier une quelconque religion
Est impensable ici.
Il s'agit d'une cathédrale d'art brut,
Construite pour héberger et mettre en valeur
Les plus belles idées créatrices des artistes.
Le style de bâtiment a été choisi pour sa majesté naturelle
Et les vitraux spécialement conçus
Pour apporter aux œuvres la luminosité
Et l'intimité nécessaires.
Dans la nef vide on peut ainsi se recueillir
Devant une des merveilles de création artistique
Projetée sur l'autel par l'âme
De l'artiste qui vous a ému,
Seul à seul, en tête à tête,
Et retrouver à travers cette communion
Ce goût unique
De l'hostie
De la sensibilité humaine.

L'ATELIER DES LUTINS

Lorsque les âmes sont prêtes,
On leur confectionne un costume dans l'atelier de couture.
Dans ce domaine, les lutins se surpassent.
Ils prennent d'abord les mesures
Du souffle intérieur,
Pour essayer de compenser, par une bonne taille du corps,
Les éventuels défauts de fabrication ou de tenue.
Comme des Lilliput sur Gulliver,
Ils s'agitent en tous sens,
Cousant sans compter les heures.
Mettre en place tous les composants
Est pour eux un jeu d'enfant,
Un lego, un meccano,
Un jeu de construction.
Le plus difficile est de bien réussir
Les deux fenêtres du regard
Pour que l'âme puisse quelquefois s'échapper.

LA MATERNITE

A l'hôpital des âmes,
Le service de sexologie est mis à contribution
En phase d'accouchement.
D'abord on y clone la nouvelle-née,
Pour en faire un double de même fréquence,
De même onde fondamentale, de mêmes raies spectrales.
Les corps subissent une opération inverse :
On retire une patte aux chromosomes
Afin qu'ils ne puissent pas se reproduire tout seuls ;
La génération devra passer par une forme d'amour.
Une idée originale du Créateur
Pour parfaire les races et rendre mécaniquement
Le monde meilleur (la pratique est plus nuancée).
Ce procédé donne aussi une petite chance à l'âme,
Par attirance mutuelle, de retrouver sa moitié originelle.
Mais la probabilité reste infime.
Il faut un coup de pouce supplémentaire,
Qui vient parfois, sans que l'on sache pourquoi.
Alors toute l'unité se déroule
Et l'on peut remonter jusqu'à sa Source.

LE BANC DES AMOUREUX

Le banc des amoureux est une pièce de musée.
Il devait au départ simplement enseigner aux âmes,
Pour les préparer,
La sensation du premier baiser,
Action du corps susceptible de les faire chavirer.
Mais il en vint rapidement,
Par un mécanisme de dilation-contraction du temps,
A dérouler à ses visiteurs
Des centaines de vies probables différentes,
Par simulation à partir du baiser initial.
Il devint voyeur et dictateur,
Erigea des règles, orienta les choix,
Catalogua des vies stéréotypées.

On le débrancha et le reprogramma
Pour qu'il ne se mêle plus jamais de la vie terrestre
Et se consacre à sa fonction noble première :
Enseigner à reconnaître l'Âmour.

LES ATTRACTIONS

LA LAMPE MAGIQUE

Un saut dans la lampe d'Aladin :
Je te pousse dedans et t'y rejoins.
Voilà, nous sommes deux génies bien espiègles.
On va d'abord rendre bêtes les gens intelligents,
En tout cas les inconscients,
Peut-être seront-ils plus braves
Et feront-ils moins de dégâts.
Puis on amplifiera les braves gens,
Surtout les jardiniers,
Pour qu'ils redonnent
A la Terre l'engrais dont elle a besoin
Et qu'ils fassent meilleure utilisation
Des fumiers qu'elle porte,
Et aussi les nounous et les vieilles dames
Qui s'occupent des enfants,
Car c'est cet amour là qu'ils porteront
Toute leur vie
Et transmettront ensuite
Pour que l'ensemble ait un sens.

LE MIROIR

Quand nous arriverons au miroir,
Je te déshabillerai, pour te purifier.
Comme un nouveau-né, je te décrasserai,
Te passerai des tuyaux dans le nez et dans la gorge,
Te raclerai les omoplates et la bedaine,
Te brosserai les gencives,
T'offrirai généreusement quelques piqûres
Dans les fesses et au talon
Pour te rappeler les souvenirs oubliés
De tes premières minutes de vie.
Lors, en cet instant précis,
Tu reverras défiler ton existence,
La mémoire se lavera
De ses tonnes de poussière
Et des brumes surgiront
Les fondamentaux de ton être
Et cette rencontre
Qui te mène aujourd'hui,
Après ces épreuves,
Dans mes bras.

LA MACHINE A RÊVES

Tout près se trouve la machine à rêves.
C'est un procédé proche de l'imprimerie
Mais beaucoup plus subtil.
Les cas ici sont traités individuellement.
On essaye d'y arrondir les angles,
D'y réparer les injustices originelles
En y préparant pour les plus jeunes, les plus démunis,
Les plus belles envolées
Et pour les gros méchants de bon vieux cauchemars
A dormir debout.

Mais hélas ce n'est pas si simple
Et les cafouillages ne sont pas rares,
Les images s'entrecroisent, les feuillets se mélangent ;
L'interprétation en devient difficile.

Le mieux encore est de rêver tout éveillé.

LE GRAND HUIT

Le Grand Huit est une destination troublante,
Un voyage dont on ne revient pas indemne.
De loin il vous regarde comme deux yeux chafouins,
En louchant sur vous pour vous attirer dans son wagonnet.
Puis c'est le départ.
Le Grand Huit est monté en ruban de Mœbius,
Quand vous vous croyez d'un côté,
Vous êtes en fait de l'autre
Et ceux qui sont de l'autre côté sont en fait du même.
Le Grand Huit tourne aussi, comme la Terre :
Quand vous croyez avoir la tête en bas, elle est en haut
Et si vous regardez à droite, vous voyez à gauche.
C'est une machine à broyer les repères,
A changer les points de vue,
A brouiller les cartes des conventions,
Certains en sont malades.
Mais oubliez votre temps rigide sur son axe,
Laissez vos trois dimensions au vestiaire
Et vous profiterez alors du spectacle
Comme jamais vous n'auriez pu l'imaginer.

LE CENTRE DU MONDE

Viens voir le centre du monde.
Il est unique et multiple à la fois.
Une performance des ingénieurs.
C'est un genre de gigantesque nombril
Conçu comme un miroir parabolique
Où chaque visiteur se reflète en son centre,
Grossi mille fois
Et lorsque l'image est parfaitement formée
Et nettement visible
Une masse d'eau diluvienne
Vient écraser en plein cœur
L'image du spectateur gonflé d'orgueil ;
Ce dernier repart la queue basse,
Avec la certitude pratique
Que le centre n'est pas nécessairement la meilleure place
Et que le nombril est très bien là où il est,
Sous son T-shirt.

LE BAC A SABLE

C'est toujours un bonheur que de visiter le bac à sable.
On s'assied avec les enfants,
On discute, on rit, on réinvente un monde en sable
Avec eux, sans contrainte
Et sans avoir à décliner son identité
Ni sa profession, sa nationalité, sa situation familiale
Ou encore son numéro de sécurité sociale.
On construit simplement un monde par-ci
Un monde par-là,
En grain de sable anonyme
Passant un bon moment
Avec d'autres grains de sable anonymes
Et cela ne nous empêche pas
De faire un très joli château.

LA CAGE A POULES

La cage à poules n'est pas ce que l'on croit.
Il y a autant de barreaux que dans les cages normales,
Mais ils ne sont pas disposés en cellule.
Bien au contraire, ils sont en escalier,
Pour grimper et s'échapper par la fenêtre,
Mener à ce premier petit paradis
Où plus rien ne nous sépare du ciel.
Pas de poules visibles non plus,
Mais parfois quelques belles mamans
Au regard si mélancolique et triste
Qu'on les aimerait sur le champ
Si une armada de caquetages ne se dressait pas
Chaque fois qu'on lève le petit doigt
Pour offrir quelques graines d'amour.

LE CHAPEAU DU MAGICIEN

Cette montagne là-bas, en forme de melon,
C'est le chapeau du magicien.
On y rentre par la porte principale
Au pied de la colline,
Mais on ne sait par où l'on en sort,
Ni comment, ni quand, ni même si.
Car dedans on s'y plaît beaucoup.
Il y a une multitude de salles et labyrinthes,
Tous plus riches et surprenants les uns que les autres,
Où l'on fait des tours et des tours.
On y voit des douleurs disparaître,
Des nœuds de souffrance s'envoler en fumée
Dans des foulards colorés d'espoir,
Des colombes de la paix filer vers les guerres,
Des femmes coupées en quatre pour nourrir leur famille
Retrouver toute leur dignité.
Mais le plus beau numéro,
C'est celui du magicien lui-même,
Personne ne l'a jamais vu,
Et pourtant il est bien là.

LE TRAIN FANTÔME

Le petit train fait le tour du parc,
Trois petits tours plus exactement,
Et puis s'en vont les voyageurs.
Il les ramène au point de départ,
Et pourtant ils le prennent,
Ou on les a mis dedans.
C'est bien que ce n'est pas tant le but
Qui compte
Mais le chemin.
Celui-ci serpente entre les pans de Vie,
Les connecte, les traverse, les évite,
Parfois s'éternise de longues années sur un seul regard,
Parfois file droit à vive allure,
Sans rien voir du paysage ni du voisinage,
Pour arriver pourtant,
En même temps,
A la même destination,
Le point de départ.

LA MALLE AU TRESOR

La malle au trésor est une petite maison
Dans laquelle on entre par le toit.
La cheminée conduit directement dans la pièce principale
Et là, comme au pied du sapin,
Vous tombez au beau milieu d'une hotte de Père Noël
Bondée de richesses, un self-service impérial.
Les plus avides se servent prestement
Et repartent aussitôt ;
D'autres, plus cultivés, choisissent avec goût
Puis reprennent le même chemin ;
Mais ceux qui ne sont pas aveuglés
Verront derrière les montagnes d'or
La porte étroite
Qui mène à la chambre secrète
De l'âme sœur
Et ils iront la rejoindre.

LE CHÂTEAU DE CARTES

Voulez-vous être seigneur, roi ou empereur ?
C'est ici que l'on s'entraîne,
Dans le château de cartes.
Dans chaque pièce, une partie du caractère à jouer.
Gagner permet de passer à la pièce suivante,
Au niveau supérieur,
Jusqu'à la plus haute tour
Où le trône attend patiemment.
La simulation ne supporte pas les simulateurs,
Elle détecte les moindres défauts,
Les intentions impures ;
Si vous n'êtes pas Dame ou Roi de cœur,
N'entrez pas,
Le château s'abattra sur vous
Dans un courant d'air glacé
Avant que vous n'ayez le temps
D'abattre les cartes.
Puis il se reconstruira tranquillement,
Comme si de rien n'était,
Dans une disposition différente,
Pour le candidat suivant.

LA MER DE SABLE

Dans les dunes s'apprend l'humilité,
Le rapport entre le tout et le rien,
La solitude et la multitude.
Les grains de sable vous le diront :
On se sent très seul dans le désert,
Et pourtant rien n'est autant peuplé
De ses propres congénères.
Ils s'entassent, comme les Hommes dans les villes,
Chacun est minuscule,
Chacun est anonyme,
Chacun est nécessaire
Pour que les vagues de dunes prennent un sens
Et que la Majesté du paysage soit.
Et quand au soleil couchant
Le Souffle d'un vent chaud
S'infiltre dans leur chevelure
On croirait voir se lever
La Création même.

LE TOBOGGAN DES ANGES

Les anges sont au départ des créatures éthérées,
Pures certes, mais naïves, innocentes,
Des coquilles vides à modeler.
L'épreuve du toboggan est la plus efficace :
Prise de décision sans filet.
Irréversibilité du choix ;
Une fois en haut, il n'est plus question
De revenir en arrière,
Il faut glisser vers son destin avec courage
Et bien peu de moyens pour en contrôler la trajectoire.
L'arrivée se fait sur un nuage moelleux,
Pour donner le goût à l'épreuve.
Certains finissent par se prendre au jeu
Et deviennent maîtres en la matière.
Ils pourront alors devenir anges gardiens,
Se laisser descendre de temps à autre
Sur la Terre d'en bas
Apporter leur soutien,
A moins qu'un faux pas,
Ou un penchant pour les belles femmes,
Ne les fasse choir.

LE CIRQUE

FUNAMBULE

Sur le fil
De la mort
Je suis le passeur
D'âmes,
Sur le fil
Du présent
Tendu entre les mondes
En équilibre
J'offre ma perche
En passerelle
Aux âmes des défunts
Pour transmettre
Leur énergie
Et nourrir
La nouvelle pâte humaine
De générations
En générations.
Parti de l'obscurité
Filant vers l'obscurité,
Pas à pas
Sur le fil
De la vie,
Je suis le chemin
Rectiligne tracé
A la frontière de l'Unité
Là où les mondes
Se fondent
En une seule ténèbre

Imperceptible
Depuis le sol.
Gardien
De l'équilibre
Sur le fil
Du Temps
Je traverse l'espace
Universel
Du grand chapiteau
Humain.

ACROBATES

Nous sommes les géomètres
De l'espace.
Place, place !
On va se mettre
En boule,
On va se mettre en quatre
Pour amuser la foule,
Les Césars et Cléopâtres.
Voici la pyramide :
Le sang humide
De nos blessures
En maintient l'ossature.

Se détordre la vie
Pour sauver l'innocence,
Ce qu'il faut de souffrance
Pour que les enfants rient !
C'est là le sort
Des constructions humaines,
Un beau décor,
Beaucoup de peine.
Construire une humble ville
Dans l'univers stellaire,
Chaque maillon est inutile,
Chaque maillon est nécessaire.

LE CONTORSIONNISTE

Se contorsionner
Pour esquiver les coups
De toutes sortes,
Se mettre en boule,
Ne laisser aucune prise
A l'adversité,
Combattre le Vide,
Englober
L'espace.

Se contorsionner
Pour se faire tout petit,
Rentrer dans sa boîte
D'ermite
Et se faire oublier
Du monde,
Devenir invisible,
Un point indiscernable
Dans l'infiniment petit.

Se contorsionner
Pour oublier
Que le corps existe,
Pour le réduire
A son strict minimum,
Le ramener
A sa juste proportion,
Rétablir

L'ordre des choses.

Se contorsionner,
Rassembler l'essentiel
Dans cette petite boîte
De la taille
D'un cœur.

JONGLEUR

Jongler.
Prendre ses blocs
De vie
A bras le corps,
Les affronter
A mains nues,
Les faire virevolter
Dans les airs
A la vitesse
De l'éclair,
Y mettre le feu
Parfois,
Puis les rattraper
De justesse
Avant qu'il ne s'écrasent
Sur le rude sol
Terrestre
Et sentir sur ses paumes
L'échauffement
Encore frais
Du voyage
Et l'ivresse
Des tourbillons
Et malgré les nausées,
Les découragements,
Les souffrances du parcours,
Ne caresser
Qu'un court instant

Le plaisir du retour
L'idée du repos
Et relancer sa vie
Sans attendre.

La sérénité viendra
Dans l'ultime repos,
Jongler
Avec sa vie.

La sérénité viendra

TRAPEZE

Toujours
Plus haut,
S'élever toujours,
Gravir les gradins spirituels
Non pas
Pour atteindre la lumière
La lumière est aveuglante
Et tue
Quand on la fixe,
Non pas
Pour écraser les autres,
Ceux qui regardent
En attendant sournoisement la chute
Ou bien ceux qui cherchent encore
Ou attendent ;
S'élever
Pour s'alléger
D'un zeste de gravité humaine
A chaque marche,
S'élever
Le regard vrai
Vers cette plate-forme
D'où l'âme prendra son envol
Vers les cieux
Exécutant mille figures d'artiste
Pour le bonheur de tous
Et rejoindra
Sa partenaire, sa muse, sa sœur

D'une poignée de cœur
Au-dessus de la foule
Dans un saut final
Sans compromis, sans filet
Au milieu des airs.

MAGICIEN

Un chapeau haut de forme,
D'une hauteur
Sans fond,

Un abîme intime,
Un gouffre d'ombre,
Comme s'il eut fallu dissimuler

La profondeur de l'âme abritée
Pour ne pas donner
Le vertige aux mortels.

Colombes et foulards
En décoration,
A l'intérieur, un seul regard :

Celui de l'âme sœur,
La passerelle
Du monde parallèle

Qui vous fait disparaître
Dans l'ultime réalité.
C'est là qu'il l'avait rencontrée.

SAUT A L'ELASTIQUE

Un saut à l'élastique inverse
Qui vous projette à l'envers dans le vide
A grande vitesse,
Puis ralentit
Pour vous laisser le temps
D'admirer les beautés célestes
Et vous immobilise quelques instants
Sur les hauteurs divines,

Puis vous ramène brutalement
Vers le rude sol, impassible ;
Vitesse maximale lors de l'impact.

Il arrive
Que certains, en sursis, rebondissent
Pour mieux s'écraser plus tard,

Et pourtant, on re-saute,
Courage, force, inconscience
Et mystère de la biologie humaine.

Les professionnels
Arrivent à se redresser au dernier moment,
Quelques mètres au-dessus du sol,
Fiers et froids.

Les plus purs
Se détachent au point d'équilibre

Pour se promener sur les nuages,
A l'abri des luttes et vicissitudes terrestres.

Ils ne descendront plus
Ou si rarement.

CLOWN

Seul sur la piste du Temps
Pour amuser les enfants,
Le clown joue le joyeux drille

Mais sous ce masque comique
Il y a la Lune qui brille,
Au regard triste et cosmique,

Car c'est au fil des pirouettes
Dont la vie fait le décor
Que se dérident les corps
De nous autres marionnettes

Et qui peut imaginer,
Après des années de scène,
Ce que notre cœur emmène
Quand le fil vient à casser.

LE CHARMEUR DE SERPENTS

Être prêt
Être présent
Quand le serpent tout près
S'approche et se tortille
En dansant

Quand sa queue se met en vrille
Langoureusement
Surtout si son œil brille
En battant des cils
Lubriquement

Prendre son instrument
Et souffler sa musique
Lentement
Jusqu'à ce que décline
Enfin l'orgueil élastique,

Maîtriser ses élans,
Défaire ses fils
Quand le serpent des sens
Vous propose un deal
Et vous embobine.

HALTEROPHILE

Supporter les deux mondes
A bout de bras
Sans se laisser écraser
Ni par l'un ni par l'autre
Et maintenir le fragile équilibre.

Le monde terrestre est lourd
Par nature,
Gavé de matière pesante,
Il suit ses propres lois
Et, prisonnier, tourne en rond.

L'autre monde est Energie noire,
Psychisme de l'Univers,
Champ magnétique de conscience
Où s'agitent
Nos âmes polarisées.

Comme un humain
De double nationalité,
Equilibrer les voyages
Entre patrie cosmique
Et pays de résidence,

S'entraîner,
Apprendre à soulever l'ensemble,
Unifier l'Energie,
Lever les poids au ciel
Et les poser sur un nuage.

CRACHEUR DE FEU

Cracher son feu
En professionnel.

Avaler l'amertume de l'essence
Des choses,
Avaler la fumée
Qui obscurcit la vision juste,

Ne pas disperser la flamme
Pour impressionner
Pour incendier les âmes
Pour mettre le feu aux poudres,

Pour brûler,
Asphyxier,
Faire fuir
Ou éliminer,

Cracher son feu
A bon escient
Quand le froid s'installe,

Offrir des flammes
Douces et réconfortantes,
Des lueurs-guides,

Cracher son feu
Interne
Pour réchauffer l'assistance.

LES NAINS ET LES GÉANTS

Nous sommes tout petits.
Vous nous pointez du doigt
Et nous croyez sournois,

Mais nous n'avons pas la grosse tête,
Bras et jambes raccourcis,
Nous sommes simplement tout petits,

D'infortunées demi-portions,
Plantées à mi-corps
Dans votre décor.

Mais vous, sans que cela ne vous vexe,
Pensez-vous vraiment
Dépasser la hauteur de votre sexe ?

Nous, nous sommes les géants,
Vous êtes plantés à mi-corps
Dans notre décor.

Nous sommes les grands
De ce monde, dominant les fourmis
Prises dans leur frénésie,

Leurs illusions, cultes et temples.
Nous n'en tirons pas profit,
Ni ne servons d'exemple,

Mais si votre âme
Arrivait à notre hauteur,
On ne serait pas loin du bonheur.

POEMES FANTASTIQUES

CENTAURE

C'est un enfant du divorce,
Ballotté ici ou là,
Devant, de gré ou de force,
Accepter son triste état.

Il avait baissé les bras
Lors d'un moment de faiblesse,
Jusqu'à ce que la sagesse,
Avec le temps, pas à pas,

Le remette enfin sur pieds.
Et, fort de ses différences,
Il recherche sa moitié,

Le cœur rempli d'espérances.
Tout va bien mieux dans la vie
Quand on a trouvé sa mie.

CERBERE

Cela vaut pour tous les cerbères
N'ayant pas encore été vus,
Qu'ils soient souriants ou austères,
On les trouve toujours têtus.

C'est à cause de leur trio
Qui d'un seul coup d'œil est capable
De voir à droite, à gauche, en haut
Et démasquer tous les coupables.

Du grand royaume de la mort
On est gardien, geôlier, vigile,
Personne n'entre ni ne sort,
Nous contrôlons toute la ville.

Chez vous, dans le monde ordinaire,
Ne devez-vous pas, vous aussi,
Pour administrer votre vie,
Exister en trois exemplaires ?

CYCLOPE

Voir le monde d'un œil,
En un seul exemplaire,
Sans crainte ni orgueil,
Tel qu'il est, éphémère,

Voir sans déformation,
Sans relief illusoire
Ni double perception

Et voir dans la nuit noire
Surgir la vérité,
L'affronter sans faiblesse.

Et si cet œil était
Celui de la sagesse ?
Au-delà du perçu,
Centrer son point de vue.

DRAGON

Draguer un dragon
N'est pas de la tarte
Car pour l'amadouer
Il faut être doué,
Posséder le don
De tirer les cartes,

Lire sur ses lèvres,
Voir en ses grimaces
S'il y aura le feu,
Lire dans ses yeux
S'il sera la chèvre
Ou le loup rapace.

S'il brûle d'amour,
Toute fausse note
Qu'il pourrait surprendre
Réduira en cendres
Votre lot de jours.
Il faut un sans-faute.

EXTRA-TERRESTRE

C'est ma copine
Extra-terrestre

Un vrai désastre
On n'en voudrait
Pour une piastre

Depuis des lustres
En sa soucoupe
Un style frustre,

Couleurs sinistres
Et triste coupe…
L'air d'un ministre.

Quant à son rostre,
Cherchez la rime,
Y en a pas d'austre.

Mais c'est ma reine
Je suis son maistre
Et nous on s'aime.

C'est la routine
Extra-terrestre.

FAKIR

Un fakir hindi
Qui se prend au jeu
Et marche avec soin
Sur ses braises en feu
Ça en bouche un coin,

Un fakir assis
En tailleur avec
Ses yeux de hibou
Sur sa planche à clous
Ça vous cloue le bec,

Et un faux fakir,
Qui sirote un kir
Avec des starlettes
Et des cigarettes,
Ça vous fait envie ?

GENIE

Dans ce petit objet, c'est bien là que je campe.
J'y ai construit ma chambre, une caverne en creux
Où j'attends en coulisses qu'un prince ou qu'un gueux
Me projette en ses mains sous les feux de la rampe.

Qu'on lui frotte le dos, le ventre ou bien les tempes,
Pour offrir mes lumières je sors de ma lampe
Et je quitte son lit pour exaucer les vœux.
On m'appelle Génie, car je peux rendre heureux.

Ne rêvez pas trop vite à la terre promise,
Je n'ouvre pas la porte à tous les inconnus,
Le cœur doit être pur, la conscience ingénue

Et le vœu généreux. Je ne le réalise
Qu'à condition qu'il porte en germe dans son sein
Un bénéfice pour le reste des humains.

LICORNE

Certains me trouvaient difforme
Avec mon crâne en relief ;
C'est à cause de la corne
Qui me sert de couvre-chef.

Ce sont là ceux qui se bornent
A de simples apparences
Et dans un coma endorment
Le sel de leur existence.

D'autres me jugeaient guerrière,
L'arme prête à embrocher ;
Quelle idée d'aller chercher
Tant de mal dans ma crinière !

Lors ma décision fut prise
De n'offrir ma Tour Eiffel
Qu'aux consciences insoumises
Qui dépassent le réel.

Un peu comme les enfants,
Avant que la vie ne voile
Leur âme remplie d'étoiles
Et leur émerveillement.

LE LOCH NESS

Savez-vous qu'au Loch Ness
Vit un monstre d'Ecosse,
Un maestro du stress
Qui vous glace sur place
Même les plus tenaces
Quand il sort de sa fosse ?

Et bien, selon la presse,
L'information est fausse :
C'est un sous-marin russe
De l'ex-URSS
Qui s'est enfui de Prusse
Pour ne plus tuer de gosses.

Sur ses gardes sans cesse,
Et de peur qu'en surface
On ne le reconnaisse,
Il hante les eaux basses
Et demeure en coulisses,
Sauf pour son exercice.

LUTINS

En changeant de lunettes
On est parfois surpris
De découvrir, ravi,
Comme le monde est chouette.

J'ai vu des tout-petits,
Qu'on pense ridicules,
Tenir l'ordre établi,
Ranger les particules,

Des elfes et lutins,
Farfadets, gobelins,
Des trolls, greemlins et gnomes
Travailler les atomes

Et même des brownies
En mouvement brownien.
Merci petits amis,
Le vide n'est pas rien !

Puis j'ai vu des géants
Avec leurs bras de fer
Maintenir l'Univers
Et la course du Temps.

Retournant mes lunettes
Vers le monde d'ici,
J'ai vu des marionnettes
Se croyant tout permis.

MINOTAURE

On est tous mi-homme mi-taureau,
Toujours l'animal en nous fait rage ;
On le croit calme, on le croit en cage,
Voilà qu'il revient montrer le dos.

On perd le fil de ses sentiments
Dans un dédale de pulsions niaises,
Il faut les tuer pour qu'elles se taisent
Et ouvrir un horizon plus grand.

Tuer le taureau n'est pas mince affaire,
Il s'est caché dans le labyrinthe
Intime de nos propres mystères

Et sait comment se mettre hors d'atteinte.
Il vous faudra bien plus d'une feinte
Et du cœur humain vaincre la crainte.

PEGASE

Ailé, zélé, rapide, intrépide, fidèle,
Il fut le messager au service des Dieux.
En échange de quoi, quand il se fit plus vieux,
On lui fit le cadeau de la vie éternelle.

Il porta le héros qui tua la Chimère,
Et l'on ne surprit plus cet animal curieux,
Serpent derrière, lion devant, chèvre au milieu,
Bêler au fond des bois et incendier les terres.

Mais il était aussi aux affaires humaines ;
Il y a bien longtemps, pour apaiser les haines,
A l'époque des Grecs et de leurs théorèmes,

Ayant reçu des Dieux son lot de science infuse,
Il s'en alla jusqu'à la colline des Muses
Et d'un coup de sabot fit jaillir les poèmes.

PHENIX

A force d'entasser
Les erreurs d'expérience,
Le poids sur la conscience
Empêche d'avancer.

Il faut faire un reset
Pour effacer le pire
Et pouvoir reconstruire
Un avenir plus net.

Renaître de ses cendres,
Voilà bien le secret,
Mais il n'est pas à vendre,
Il n'est qu'à mériter.

Nous sommes tous phénix
Mais ne le savons pas,
Cette information là
S'est noyée dans le Styx.

PIRATES

Depuis que l'on commande
Ses achats sur le Web,
La marine marchande
N'est plus le Babel-Oued.

Depuis que la finance
Est devenue virtuelle,
Trouver notre pitance
Passe par les poubelles.

Sans être plus stupides,
Des bateaux qu'on pirate,
Un coup sur deux ça rate
Car les cales sont vides.

On va changer de plan,
Devenir des hackers
Et vider de leurs cents
Tous les comptes bancaires.

SIRENE

Sans les malheurs,
Loin des tracas,
Je vis en mer,
Je suis poisson

Et par ailleurs
Je suis nana
Ou j'en ai l'air
Et suis canon.

Deux paradis
Pour mes moitiés,
Pourtant ma vie

Est atrophiée
Car sans amour
Le monde est lourd.

SPHINX

Dans le désert égyptien,
Au fond d'une pyramide,
Mon maître mettait ses biens
Hors de portée des Numides.

La famille était venue
Pour donner un coup de main,
Mettre au sec les parchemins
Et les blocs de papyrus ;

Mais un tremblement de terre
Les piégea dans leur cratère.
Alors, comme un bon chien-chien,

Je me suis couché dessus
Et, sans qu'il l'ait jamais su,
Veille encore sur les siens.

SUPERHEROS

Dans la journée, je bosse
Et le soir c'est les gosses,
Les tâches ménagères,
Le devoir conjugal
Et les comptes... Je gère
Une vie de cheval.

Pour moi, c'est du gâteau,
Je suis super héros :
Ni Spider, ni Super,
Ni Bat, simplement femme,
Héros non découvert
Que jamais on n'acclame.

TAPIS VOLANT

Débuter en serpillière,
Allongé sur le sol,
Le nez dans la poussière,
En avoir ras-le-bol,

Puis offrir dans les pièces,
Les chambres, le salon,
Douceur et gentillesse
A toute la maison.

Sortir, tapis roulant,
Faire le bon apôtre,
Mener les braves gens
D'un point fixe à un autre.

Finir tapis volant,
Allongé sur les nuages
Et les pensées au vent,
Tourner enfin la page.

Toujours offrir, sans peur,
Pour alléger les cœurs.

CHAT

Je fais le dos rond,
Je me mets en boule,
Je me tords en pont,
Je snobe les foules

Et sors dans la nuit
Jusqu'au cimetière,
Puis dors et m'ennuie
La journée entière.

Monté sur ressorts,
Je tue à tue-tête
Les petites bêtes,
Joue avec leur corps,

C'est l'instinct sauvage.
Car je suis chasseur,
Sans pitié, sans cœur,
Et fais des ravages.

Mais mes yeux voient clair,
Vous faites de même,
Du Sapiens emblème
Vous n'avez que l'air,

Et l'hypocrisie,
Les bonnes manières,
Rongent votre vie
Jusqu'au cimetière.

Un soir ou matin,
On s'y croisera,
Moi pour mes instincts,
Vous pour vos coups bas.

Se civiliser
Sans perdre son âme,
Chemin mal aisé
Sans le bon Sésame.

CHAUVE-SOURIS

Il arrive qu'après
Une nuit bien remplie,
Après une tournée

Réussie entre amis
Dans les boîtes et bars,
On avance au radar.

Ainsi je me dirige
Quand tout autour est noir
Et dans les airs voltige
Bien qu'on ne puisse y voir.

Ce n'est pas au hasard,
Comme chez les dauphins
Et sur les sous-marins,
J'utilise un sonar.

Mais j'aurais préféré
Le sonar des poètes
Ou moines du Tibet,
Ce troisième œil en quête.

DEMONS

Nous sommes une armée de métier,
Menée au doigt et à la baguette
Par une main de maître, un sorcier,
Un as dans l'art de la marionnette.

Bien que nous ne soyons plus des anges,
On nous prend à tort pour des sans-coeur,
Des méchants ou des monstres étranges
Apparaissant pour vous faire peur.

Voilà bien une belle injustice !
Nous ne sommes que des créations
De votre esprit, une armée de pions

Manipulée par son sens du vice.
Alors si vous nous voyez, cherchez
En vous la clé de vos peurs cachées.

EPOUVANTAIL

Je suis seul dans mon champ ; pas une âme qui vive.
Planté comme une croix au fond d'un cimetière,
Je passe mes journées en espérant qu'arrive
Un oiseau, un humain ou un chat de gouttière.

Maigre comme trois clous, des haillons pour habits,
La bouche un peu tordue et l'air patibulaire,
Comme un héron sur pied, prisonnier de ma terre
Sans espoir d'évasion, je ne fais pas envie

Et n'ai pas eu l'honneur d'avoir de congénère,
A croire que j'effraie jusqu'à mes sœurs et frères.
Le silence et le vent me tiennent compagnie

Et parfois le cui-cui d'un oiseau téméraire
Qui me raconte alors l'ailleurs et la vraie vie,
Pour ces heureux élus qui en sont locataires.

FANTÔME

Quand on voit un fantôme
Pour la première fois,
On tombe dans les pommes
En se signant en croix.

Il revient sans atome,
La nostalgie au cœur,
Revoir famille et mômes,
Pourquoi donc avoir peur ?

Un curieux phénomène
Qui dans l'air se promène,
En cachant sous son suaire

Un secret de la science :
L'énergie de conscience
Sans un grain de matière.

FRANKENSTEIN

C'est toujours un peu long
Pour une grande fête
D'ajuster sa toilette ;

Avec mes deux boulons
En travers de la tête,
Me voici enfin prête.

Frankenstein mon amour,
C'est aujourd'hui le jour !
On est toujours le moche

Ou le beau de quelqu'un,
Chacun trouve ses proches
Au moment opportun.

Oublier l'apparence,
Fêter les différences !

HALLOWEEN

Assis en rond
Dans son allée
Un potiron
Exclu priait.

Et un cadeau
Tomba du ciel,
Un p'tit boulot
A temps partiel :

Pour les enfants,
Le jour des morts,
Jouer les méchants,
Jeter des sorts.

Deuxième vie
Pour notre ami,
Merci sorcière,
Merci prière.

HIBOU

Tous les soirs un hibou hululait à la Lune
Après une journée passée à roupiller,
Admirant ses reliefs, ombres et taches brunes,
Son unique façon de sourire et ciller.

Trouvant la Terre terne avec son manteau gris,
Son ciel noir, ses rues sombres, ses forêts qui meurent,
Ses bâtiments remplis de corps tous endormis,
Il rêvait de partir y installer sa demeure.

Puis un jour son réveil oublia de sonner
Et il ne se leva qu'en début de journée,
Découvrant le soleil et toutes les couleurs

Et des villes entières qui grouillaient de cris.
Enfermé dans son monde, on croit souvent qu'on meurt
Alors qu'à notre porte nous attend la vie.

MAISON HANTEE

Lassée de vivre en ville,
En quête de grand air,
Je me suis mise au vert
En haut d'une colline

A cent lieues de tout lieu
Pour être enfin tranquille.
Ici, les jours défilent,
Je prends un coup de vieux ;

On dit que l'on me hante,
Ce n'est qu'un locataire,
Lui aussi solitaire,

Je ne suis pas méchante
Et lui ai prêté mon toit
Pour qu'il ait un chez soi.

MIROIR

Et vous croyez que ça m'amuse
D'être planté sous votre nez
A contempler votre beauté ?
Bien au contraire, cela m'use.

Je dois déployer tant de ruses
Pour gommer vos impuretés
Que j'en pâlis si j'en abuse
Et c'est mauvais pour ma santé.

Je sais vos doutes, vos grimaces,
Vos poudres sur le temps qui passe
Et votre attirail d'artifices.

Malgré ma bonne volonté
Et mon esprit de sacrifice,
Je ne pourrai pas l'arrêter.

MOMIE

JE VOUS LE
DIS AMI - MOIS
MAUDIT
SOIT LA VIE
DE MONDE
DRAPES
NOTRE
NOUS
SOLITUDE
BANDE
FAISONS TOUS
A PART

OGRE

Dans les forêts près de chez vous,
Depuis l'origine des temps
Je fais équipe avec le loup.

J'ai un faible pour les enfants,
Ce n'est plus un secret pour vous,
Lui préfère une mère-grand.

Le bougre lui croque les fesses
A grande vitesse et je prends
La chair fraîche pour mon ogresse.

Elucubrations de parents !
Car sans prétendre à la sagesse,
Nous ne sommes pas si méchants.

OMBRE

Tous les soirs je m'enfuis
Cherchant refuge en vain,
Et je meurs dans la nuit.

Mais au petit matin
Je reviens, grande et forte,
Me glisse sous les portes,

Sur les murs et vous suis
D'un pas de feuille morte
Pour vous servir d'escorte.

A midi je réduis
Comme peau de chagrin,
Me cache par instinct

Sous vos pieds, sous vos mains
Pour m'abriter le teint
D'un soleil qui le cuit.

De midi à minuit,
Entre jour et pénombre,
Chaque jour, chaque nuit

Je meurs et je reluis,
Insaisissable, sombre,
Fidèle. Je suis ombre.

REVENANT

Me voici sans atome
Et dénué d'avenir ;
Dans mon nouveau royaume,
Je m'ennuie à mourir.

J'aimerais revenir,
Régénérer en somme
Mon lot de chromosomes
Pour pouvoir repartir,

Sans contrainte et sans peur,
Semer quelques bonheurs
Et, comme au bon vieux temps,

Retrouver les poètes
Et revoir les enfants,
Vous voyez, c'est tout bête !

SORCIERE

Quand je serai grande,
Je serai sorcière.
Les yeux en amande
Et l'allure fière.

Je sais déjà faire
Philtres et potions,
Secrets de grand-mère
Ou propre invention.

Gare à vous méchants !
Armée jusqu'aux dents
Devant votre seuil,
Je vous ai à l'œil.

D'un coup de formule
Ou bien de balai,
Je romprai vos nez
Ou vos clavicules,

Jusqu'à rencontrer,
Ultime combat,
Le sorcier caché
Qui m'embrassera.

Quand je serai grande,
Je serai princesse,
Les yeux en amande,
Le cœur en kermesse.

SQUELETTE

Quand le jour s'en va,
Je sors de ma bière
Et fais quelques pas
Dans le cimetière.

Ma petite boîte
Est bien trop étroite,
C'est pourquoi je sors
Pour faire du sport,

Dégourdir les jambes,
M'étirer le dos
Et ses os qui flambent
D'être en vase clos.

Car, en vérité,
Si je me promène
Comme une âme en peine
A la nuit tombée,

Ce n'est pas par vice
Ni méchanceté.
Juste un exercice
De bonne santé.

VAMPIRE

Quand j'étais vampire,
J'avais horreur du chocolat,
Il s'accumulait sur les moustaches,
Me dégoulinait sur les canines
Et puis faisait fuir mes victimes,
Avant que leur robe ne se tache.

Mais il y a bien pire,
Quelques-unes sachant cela
Sortaient du sommeil à mon approche,
Se léchant déjà les babines
Avant de commettre leur crime,
Il y a bien quelque chose qui cloche !

Finies les satires !
Je suis vendeur de chocolat,
Au lait, aux noisettes, aux pistaches ;
Entouré d'âmes féminines
Je croque sans qu'ils ne s'abîment
Ces sourires auxquels on s'attache.

ZOMBIE

Quand la nuit tombe,
Nous, on zombe.
Sortant en trombe
De leur tombe,

Nos carcasses
Refont surface
Et se déplacent
Dans l'espace

En effrayant
Les passants,
Seulement
Les plus méchants.

Lors, enfant,
Justice est faite,
Les méchants
Payent leurs dettes.

Et quand la fête
Est finie,
On rentre au lit.
C'est tout bête.

Voilà la vie
Des zombies.

RECUEILLEMENT

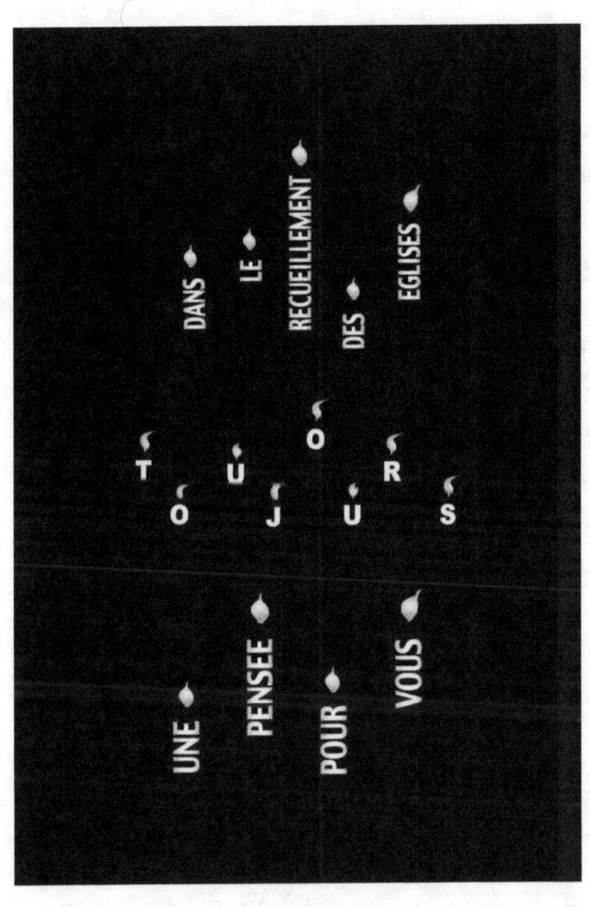

BIBLIOGRAPHIE

Recueils de poésie du même auteur :

Bestigramme (calligrammes d'animaux)
Haïkus de voyage
Kaléidéogramme (calligrammes de caractères chinois)
Ode à la Nature – Arboretum et Terre vue du poète
Promenade enchantée – Petits contes de l'au-delà et poèmes fantastiques
La Poésie dans la cuisine
L'Arche de Noé – Sonnets fanimaliers
Enfants - Grandir en poésie
Cybercompositions

Site Web, bibliothèque animée :

La fabliothèque : www.cyberpoesie.net

e-books parus ou à paraître :

Haïkus de voyage (Juillet 2016)
La Poésie dans la cuisine (Mai 2016)
L'Arche de Noé (Septembre 2016)
Ode à la Nature (Août 2016)

Bestigramme (Juillet 2016)
Kaléidéogramme (Septembre 2016)
Promenade enchantée (Septembre 2016)
Enfants – Grandir en Poésie
Cybercompositions

Livres d'artiste à tirage limité :

Bestigramme - 70 ex. - Novembre 2001
Bestiaire en calligrammes

Avec gravures de Gaëlle Pelachaud :
Haïkus de voyage - 40 ex. - Avril 2001
Electra - 70 ex. - Juillet 2002
Ode à la Nature - 40 ex. - Mai 2005
Le Juge Ti - 40 ex. - Novembre 2006

Avec illustrations de Michel Barbault :
Surcouf - 30 ex. - Novembre 2002
Le dernier dinosaure - 30 ex. - Novembre 2004

Avec aquarelles de Lam Lam :
Poésies orientales - Janvier 2001

TABLE DES MATIERES

Dépôt légal
Septembre 2016